AF204226

FILIPPO CATALDO

MUHAMMAD ALI

– KLEINE ANEKDOTEN ÜBER EINEN GROSSEN SPORTLER –

Bibliografische Information der Deutschen Nationalbibliothek

Die Deutsche Nationalbibliothek verzeichnet diese Publikation in der Deutschen Nationalbibliografie. Detaillierte bibliografische Daten sind im Internet über http://dnb.d-nb.de abrufbar.

Für Fragen und Anregungen:
info@rivaverlag.de

Originalausgabe
2. Auflage 2016

© 2016 by riva Verlag, ein Imprint der Münchner Verlagsgruppe GmbH, Nymphenburger Straße 86
D-80636 München
Tel.: 089 651285-0
Fax: 089 652096

Redaktion: Stefanie Barthold
Umschlaggestaltung: Catharina Aydemir, Starnberg
Umschlagabbildung: Ullstein / Heritage Images
Satz: inpunkt[w]o, Haiger
Druck: Graspo CZ, Tschechische Republik
Printed in the EU

ISBN Print 978-3-86883-854-1
ISBN E-Book (PDF) 978-3-95971-173-9
ISBN E-Book (EPUB, Mobi) 978-3-95971-174-6

Weitere Informationen zum Verlag finden Sie unter

www.rivaverlag.de

Gerne übersenden wir Ihnen unser aktuelles Verlagsprogramm.

Inhalt

Einleitung

»Einige Tassen Liebe und einen Teelöffel Geduld, einen Esslöffel Großzügigkeit, eine Prise Güte, einen Viertelliter Heiterkeit« – das alles hat der Schöpfer, den Muhammad Ali seit mehr als fünf Jahrzehnten Allah nennt, jedem Menschen geschenkt. Dies ist das Glaubensbekenntnis jenes Mannes, der sich selbst schon unbescheiden »der Größte« nannte, bevor er es wurde. Es gab Zeiten, da hatte Muhammad Ali, der als Cassius Clay auf die Welt gekommen ist, das bekannteste Gesicht der Welt, und seiner Meinung nach auch das schönste. Mehr als 30 Jahre sind seit Alis letztem Auftritt im Ring vergangen, doch sein Kampf ist noch lange nicht vorbei. Wie er früher mit einer nie zuvor gesehenen Anmut seine sportlichen Rivalen schlug und seine viel zahlreicheren Gegner außerhalb des Vierecks in seinem Kampf für seine Überzeugungen und gegen Ungerechtigkeit, Rassentrennung, Krieg und Hass niederrang (und manchmal auch niederbrüllte), kämpft Ali heute mit mindestens ebenso großer Leidenschaft für Frieden und Versöhnung zwischen den Völkern. Und ein bisschen auch um sich selbst.

Aus dem größten Boxer und lautesten Großmaul aller Zeiten ist ein leiser, zitternder Prediger der Liebe geworden. Ein Humanist. Ein
kranker Mann, der einst groß und stark und
charismatisch und – ja, auch das – schön war.
Der erste globale Held der Popkultur. Er gehört
immer noch zu den bekanntesten Menschen
auf diesem Erdball. Die Versuchung ist groß,
ihn als Märtyrer und fast schon Heiligen zu
verehren.

Doch Muhammad Ali ist kein Heiliger und
war es nie. Er ist nicht unfehlbar, einige seiner Charaktereigenschaften sind nicht einmal
sympathisch. Seine schamlosen Übertreibungen bewegten sich am Rande der Gotteslaste-
rung, seine wüsten Beschimpfungen der Gegner entbehrten oft jedes guten Geschmacks.
Dazu kommt ein sorgloser Umgang mit Geld,
der dazu führte, dass Ali und seine vielköpfige
Entourage am Ende seiner Karriere rund 100
Millionen Dollar verprasst hatten. Und wie so
viele Legenden des Sports sonnte sich Muhammad Ali so gern im Licht des Ruhms, dass er
mehrmals den richtigen Zeitpunkt zum Aufhören verpasste. Zwar gehen die Ärzte heute
davon aus, dass er auch an Parkinson erkrankt
wäre, wenn er niemals im Ring gestanden hät-

te, doch dass er zu viele Schläge für ein einziges Leben eingesteckt hat, das kann nicht mal er – stets ein Meister der Verdrängung – leugnen.

Muhammad Ali sieht seine Erkrankung, die ihm seine Geschwindigkeit und sein Mundwerk, nicht aber seinen wachen Geist geraubt hat, als ultimative Prüfung an. Und gerade die Demut, mit der er mit seiner Krankheit umgeht, gibt einem die Gewissheit: Muhammad Ali ist wahrhaftig ein Mensch. Oder, wie er es selbst einmal sagte: »Ich begnüge mich damit, als großartiger Boxer in Erinnerung zu bleiben, der ein Champion und Fürsprecher seiner Leute wurde. Und es würde mich nicht einmal stören, wenn die Leute vergäßen, wie gut ich aussah.«

Anmerkung: In den folgenden Geschichten wird Muhammad Ali so lange mit seinem Taufnamen Cassius Clay vorgestellt, wie er sich selbst so nannte.

Cassius Clay erfindet das Unterwasserboxen

Im Sommer 1961 ist Cassius Clay ein weitgehend unbekannter, 19 Jahre alter Jungprofi mit einem Kampfrekord von 8:0, erkämpft gegen ebenfalls weitgehend unbekannte Gegner. Wären nicht sein Olympiasieg im Vorjahr und sein großes Mundwerk gewesen, er wäre kein Thema für *Sports Illustrated,* auch wenn dieses Magazin zum damaligen Zeitpunkt noch nicht so bedeutend ist, wie es später werden sollte. Im Sommer 1961 schickt *Sports Illustrated* zur Bebilderung eines Beitrags den recht bekannten freien Fotografen Flip Schulke zu Clay ins Trainingscamp. Zu dessen großen Besonderheiten gehörten schon zu Beginn seiner Karriere sein unverkrampftes Verhältnis zu Journalisten und sein enormes Talent zur Selbstvermarktung. Clay nahm sich nicht nur für jeden Journalisten Zeit, er interessierte sich auch wirklich für deren Arbeit.

Nachdem Schulke seine Fotos gemacht hat, kommt er mit dem Boxer ins Gespräch. Als Clay herausfindet, dass der Fotograf auch für das da-

mals legendäre Fotoreportagen-Magazin *Life*
arbeitet und am liebsten Unterwasserfotos
macht, bekommt er große Augen. Er mache oft
im Pool Schattenboxen, behauptet Clay begeistert. Der Widerstand des Wassers sei so groß,
dass der Eindruck entstehe, man boxe gegen
ein Schwergewicht. Sein alter Trainer in Louisville habe ihm das beigebracht. Der Fotograf
hat noch nie von Unterwasserboxen gehört,
doch die Begründung leuchtet ihm ein. Er ruft
in der *Life*-Redaktion an, die sofort eine große
Geschichte wittert. Schulke bekommt den Auftrag, im September erscheint eine vierseitige
Reportage über den jungen Cassius Clay, der
im Schwimmbad trainiert. Die Pointe: Weder
er noch sonst ein Boxer vor ihm haben jemals
unter Wasser geboxt. Heute wird diese Trai-
ningsmethode gelegentlich eingesetzt, vor allem weil sie die Gelenke schont. Doch damals
hat das PR-Genie Clay die Geschichte einfach
erfunden, um seine Bekanntheit zu steigern.
Bis heute ist er Nichtschwimmer.

Cassius Clay alias »GG« schlägt seiner Mutter zwei Zähne aus

Eigentlich hatte Cassius Marcellus Clay seinen Erstgeborenen Rudolph Valentino nennen wollen, doch seine Frau Odessa »Bird« bestand darauf, dass der am 17. Januar 1942 geborene Junge Cassius Marcellus junior heißen sollte. Ihr gefiel der Name einfach. Also wurde das Baby, das heute die ganze Welt als Muhammad Ali kennt, auf den Namen des Vaters getauft. Gerufen wurde Cassius als Kind von seiner Mutter aber weder »Junior« noch – wie der Vater – »Cash«, sondern »GG«. »Das war das Erste, was er sagen konnte«, erklärte Odessa später.

Als Cassius seine ersten Siege errungen hatte, widmeten Mutter und Sohn den Spitznamen einfach um: Von nun an hieß es, GG stehe für »Golden Gloves«, das bedeutendste US-amerikanische Boxturnier für Jugendliche, das Ali in seinem Heimat-Bundesstaat mehrmals gewann. Sein Weg muss einfach vorgezeichnet gewesen sein. Das stützt auch eine andere von Odessa gern vorgetragene Anekdote: Als sie ihn einmal wickelte, ungefähr im Alter von sechs Monaten,

habe er wie verrückt mit seinen Ärmchen ge-
rudert. Wie Babys es nun mal tun. Doch dieses
eine Mal habe er seine Mutter mitten ins Gesicht getroffen und ihr zwei Zähne ausgeschla-
gen. »So stark war er damals schon. Er musste
einfach Boxer werden«, sagte sie 1978 in der
BBC-Sendung »This is your Life«.

Muhammad Ali reist zu Saddam Hussein

Am 23. November 1990 landet Muhammad Ali mit einigen Begleitern in Bagdad. Er ist auf diplomatischer Mission im Irak, nicht gerade mit offiziellem Auftrag des Weißen Hauses, aber mit wohlwollender Begleitung des amerikanischen Außenministeriums. Im August war der Irak auf Befehl von Machthaber Saddam Hussein in Kuwait einmarschiert. Aus Angst vor Vergeltungsschlägen des Westens setzte das Regime zudem Tausende ausländische Staatsbürger im Irak fest und inhaftierte sie. Sollte es zum Äußersten kommen, will Saddam die Ausländer, darunter Botschaftsmitarbeiter, Ingenieure, Entwicklungshelfer und auch einige wenige Soldaten, als menschliche Schutzschilde verwenden. Zahlreiche bilaterale Gespräche, UN-Resolutionen und Wirtschaftssanktionen konnten Hussein nicht dazu bewegen, die Geiseln freizulassen. Zumindest nicht alle. Jede Freilassung münzt das Regime pervers in einen Akt der Humanität um.

Also fliegen in jenen Monaten zahlreiche Diplomaten, Geschäftsleute und Politiker in den

Irak, um die Freilassung der Geiseln zu erwirken. Als Ali in Bagdad ankommt, sitzen noch 300 Amerikaner im Irak fest. Viele seiner engsten Freunde haben ihm von der Reise abgeraten. Auch innerhalb der amerikanischen Regierung besteht die Sorge, dass der Auftritt des bekanntesten Muslims der USA nur Husseins Eitelkeit schmeicheln und er ihn zu Propagandazwecken missbrauchen würde. Doch Ali will Frieden, er glaubt wirklich daran, den schon beinahe unvermeidlichen Krieg noch verhindern und Hussein mit Allahs Hilfe zur Vernunft bringen zu können. »Die Welt kennt mein Gesicht. Damit kämpfe ich gegen Ungerechtigkeit, Rassismus, Verbrechen, Analphabetismus und Armut.« Das ist seit seinem Rücktritt als Boxer zu seinem Motto und zu seiner Triebfeder geworden. Die Presse ist über Alis Reise zunächst nicht informiert worden. Er brauche Publicity, wird Ali nach seiner Rückkehr seinen Kritikern antworten, aber nicht, wenn er etwas Gutes tue. Er brauche Publicity, um sein Buch, seinen Film und früher seine Kämpfe zu verkaufen – aber nicht, um Menschen zu helfen. »Dann wäre es nicht mehr ehrlich.«

Alis Friedensmission im Irak ist nicht seine erste. Bereits 1985 war er in der Hoffnung nach

Beirut gereist, die Freilassung von vier verschleppten Amerikanern und einem saudi-arabischen Diplomaten erwirken zu können. Doch die Mission scheiterte, die Kidnapper gaben sich nicht zu erkennen. Als Ali 1980 nach der sowjetischen Invasion in Afghanistan der Bitte von US-Präsident Jimmy Carter nachkam, in einigen afrikanischen Ländern für den von den USA initiierten Boykott der Olympischen Spiele in Moskau zu werben, endete die Mission gar in einem diplomatischen Desaster. Ali wurde zwar überall von hochrangigen Regierungsmitgliedern empfangen, doch weder wollten sie die Spiele boykottieren, noch konnte er ihnen erklären, wieso sie das tun sollten. Mehr noch: Am Ende seiner Reise erklärte Ali sogar öffentlich, die Positionen der besuchten Staaten verstehen zu können. Die afrikanischen Länder hatten nämlich argumentiert, dass die USA ihnen 1976 auch nicht geholfen hatten, als afrikanische Staaten aus Protest gegen das Apartheid-Regime in Südafrika die Olympischen Spiele in Montreal boykottierten.

Auch im Irak sieht es zunächst nicht so aus, als könne Ali erfolgreich sein. Zehn Tage lang lässt Saddam den früheren Champion warten, ehe er ihn empfängt. Ali sind zwischendurch sogar seine Parkinson-Medikamente ausgegangen; als er Saddam trifft, kann er sich kaum ausdrücken. Doch er schafft es, dem Diktator klarzumachen, dass er nicht mit leeren Händen wieder nach Hause fliegen würde. Schließlich bekommt er die Erlaubnis, 15 Geiseln mit in die USA zu nehmen. Sechs Wochen später beginnen die USA den zweiten Golfkrieg und marschieren im Irak ein. Mit einigen der freigelassenen Geiseln steht Ali bis heute in Kontakt.

Cassius Clay wird das Fahrrad gestohlen

Um Muhammad Ali ranken sich viele Mythen. Nicht dass Ali besonders zum Lügen neigen würde – im Gegenteil, das verbietet ihm nicht zuletzt sein Glaube. Deshalb hat er auch all seine kleinen Übertreibungen, sein ganzes »Gerede«, er sei der Größte, Schönste, Beste, Tollste, und all seine Beleidigungen gegen seine Kontrahenten in späteren Jahren nicht immer revidiert, aber zumindest als Marketingmaßnahme in eigener Sache relativiert. Wer der Größte sein will, muss tosen, ein Image will kultiviert und genährt werden, und manchmal muss man Geschichten ausschmücken oder notfalls erfinden. Umso schöner, dass es für eine wirklich nette Anekdote genug Zeugen gibt. Eine kleine Geschichte darüber, wie Cassius Clay zum Boxen kam.

Im Oktober 1954 bekommt Cassius von seinen Eltern ein nagelneues Fahrrad der Marke Schwinn geschenkt. Rot, mit Weißwandreifen, der ganze Stolz des Zwölfjährigen. Cassius hat das Fahrrad gerade mal einen Tag, als es ihm gestohlen wird. Mit seinem damals besten Freund Johnny Willis ist er an jenem Nachmittag durch die Schwarzenviertel Louisvilles gefahren. Weil es regnet, beschließen die beiden, die jährlich stattfindende »Louisville Home Show« zu besuchen, eine Messe schwarzer Kaufleute der Stadt in der Columbia-Halle. Dort würden sie nicht nur ein Dach über dem Kopf haben, sondern sich auch gratis die Bäuche mit Popcorn, Würstchen und Eiscreme von den Ausstellungsständen vollschlagen können. Als die beiden Freunde nach ein paar Stunden wieder herauskommen, ist Cassius' Rad verschwunden. Dem Zwölfjährigen schießen Tränen in die Augen, dann beginnt er laut zu schimpfen. »Wenn ich diesen Drecksack erwische, schlage ich ihn windelweich!« Passanten raten ihm, das Rad erst mal bei der Polizei als gestohlen zu melden, und schicken ihn in den Keller der Columbia-Halle, wo der Polizist Joe Martin in der Sportschule Nachwuchsboxer trainiert. Cassius schildert ihm sein Dilemma, wiederholt seine an den Dieb gerichtete Drohung und fordert den Polizisten auf, sofort eine landesweite Suche nach seinem Fahrrad anzuordnen. Damit kann Martin nicht dienen, doch der gutmütige Polizist hat Mitleid und rät ihm, bevor er jemanden verprügele, solle er erst einmal lernen zu kämpfen. Sagt es und drückt Cassius einen Flyer seiner Boxschule in die Hand. Schon am nächsten Tag meldet sich Cassius an, der Rest ist Legende.

Als Cassius Clay vier Dollar durch die Lappen gingen

Bereits wenige Wochen nach seinem ersten Treffen mit Joe Martin ist Cassius Clay dem Fernsehpublikum seiner Heimatstadt Louisville bekannt. Martin hat eine Fernsehsendung im Regionalprogramm, in der er junge Nachwuchs- boxer vorstellt. Clay ist fast jedes Mal dabei. Vier Dollar bekommt der Bursche für jeden Fernseh- kampf gegen andere Talente. Clay ist sehr begabt und trainiert viel, vor allem aber hat er schon als Zwölfjähriger jenes Talent zum Entertainer – und seine große Klappe, die ihm den Spitz- namen »The Louisville Lip« einbringt. Direkt nach seinem ersten Kampf baute er sich auf und schrie durch die Halle: »I am the Greatest!«

Rund ein Jahr nach seinem ersten Boxkampf ist er wieder unterwegs ins Fernsehstudio, macht aber vorher noch einen kurzen Zwischenstopp im Freibad, um ein paar Halbstarken bei ihren Flirtversuchen mit den jungen Stadt-Schön- heiten zuzuschauen. Dabei begegnet er einem schmalen Jungen in kurzen Hosen, der das Glei- che macht. Wenig später trifft er den Jungen, der sich als Jimmy Ellis vorgestellt hat, vor dem Fernsehstudio wieder. Niedergeschlagen erzählt er, dass man ihn nicht kämpfen lasse, weil er zu leicht für seinen Gegner sei. »Dabei bist du doch zwei Jahre jünger als ich!« Und so gehen an diesem Nachmittag Cassius und Jimmy zwar vier Dollar durch die Lappen, doch gleichzeitig beginnt eine wunderbare Freundschaft, die erst Ellis' Tod im Jahr 2014 beendet. Während Alis Box-Exil wurde sein langjähriger Trainingspartner Ellis 1968 Weltmeister im Schwergewicht und blieb es, bis er den Gürtel nach Version der WBC 1970 an Joe Frazier verlor. 1971 kam es sogar zum Kampf der beiden Freunde. Ali besiegte wenige Monate nach seiner Niederlage gegen Frazier seinen Freund Ellis, immer noch einige Kilo leichter, nach zwölf Runden durch technischen K. o.

Muhammad Ali haut die Beatles um

Eine Woche bevor Cassius Clay im Februar 1964 in Miami Beach gegen Sonny Liston zum ersten Mal Weltmeister werden sollte, trifft der Boxer die Beatles. Die Fab Four sind gerade dabei, auch in den USA die Beatlemania auszulösen, und besuchen Miami, um in der *Ed Sullivan Show* aufzutreten. Eigentlich sollten sie Liston treffen, den amtierenden Weltmeister, doch der war wenige Tage zuvor, als er die Pilzköpfe in einer anderen Show gesehen hatte, alles andere als begeistert gewesen. »Das sollen die Motherfucker sein, wegen denen alle ausflippen?«, fragte Liston und ergänzte, auf Ringo Starr zeigend, dass sein Hund besser Schlagzeug spiele als »der Typ da mit der großen Nase«.

So wird flugs ein Treffen mit dem Herausforderer und krassen Außenseiter des bevorstehenden Boxkampfs arrangiert. Doch Clay verspätet sich zum ausgemachten Termin. »Wo bleibt das Großmaul?«, fragt John Lennon in die Runde. Gerade als die Beatles aufbrechen wollen, taucht der Boxer auf, in voller Montur mit weißen Shorts, Boxschuhen und freiem Oberkörper. »Hallo, Beatles, wir sollten ein paar Shows zusammen machen«, ruft Clay. »Wir würden alle reich werden.« Später sagt er noch, dass die Musiker gar nicht so dumm seien, wie sie aussähen, worauf der genervte Lennon entgegnet: »Du schon.«

Doch für ein paar Promobilder im Gym reicht es. Die Beatles stellen sich nebeneinander im Ring auf, Clay schlägt George Harrison, der fällt, und mit ihm dann auch Lennon, Starr und McCartney: der Domino-Punch. Dann baut sich Clay in Triumphpose über den am Boden liegenden Beatles auf und brüllt: »Ihr seid die Größten, aber ich bin der Schönste!« Der damals sehr populäre Boxjournalist und große Clay-Kritiker Jimmy Cannon schreibt später über die Begegnung, Clay sei Teil der damaligen Beatle-Bewegung. Er passe zu den berühmten Sängern, die sich keiner anhören könne … und zu den Jungs mit den langen, dreckigen Haaren und zu den Mädchen mit ihrem ungewaschenen Aussehen und zu den College-Kids, die nackt auf geheimen Partys in irgendwelchen Wohnungen tanzten, und zu den revoltierenden Studenten, die an jedem Ersten des Monats einen Scheck von ihrem Vater bekämen. Andere waren nicht ganz so kritisch. Robert Lipsyte etwa, nur vier Jahre älter als Clay, ist beeindruckt von der Selbstvermarktungsfähigkeit des jungen Boxers, er bezeichnet ihn als »fünften Beatle«. Doch Clay lässt sich weder einen (krausen) Pilzkopf wachsen, noch wird er jemals mit den Beatles auf Tour gehen. »Er hat uns lächerlich gemacht«, beschwert sich Lennon nach dem Treffen bei seinem Pressesprecher. »Ich will nie wieder mit diesem Typen sprechen.«

Cassius Clay fliegt mit umgeschnalltem Fallschirm nach Rom

Nachdem sich Cassius Clay für die Olympischen Spiele 1960 in Rom qualifiziert hatte, stand neben ein paar Kämpfen eigentlich nur noch eine Sache zwischen ihm und seiner Goldmedaille: seine enorme Flugangst. Seinen damaligen Trainer Joe Martin fragt er, ob er nicht mit dem Zug oder zumindest per Schiff nach Rom fahren könne. Aber nichts zu machen, Clay muss fliegen. Der Gedanke daran, über dem Ozean abzustürzen und zu ertrinken, macht ihn fertig. Auch ein Anruf bei der Flugbehörde, die ihm mitteilt, dass auf dem Weg nach Italien so gut wie nie Flugzeuge abstürzen, beruhigt ihn nicht. So geht Clay ein paar Tage vor dem Abflug in ein Geschäft für Militärbedarf in Louisville und kauft sich einen Fallschirm. Den hat er dann den ganzen Flug über von New York nach Rom auf seinen Rücken geschnallt. Und auf dem Rückweg natürlich auch. Um nicht unentwegt an seine Flugangst denken zu müssen, vertreibt sich der Boxer die Zeit mit Plaudern. Er redet einfach noch mehr als sonst.

Cassius Clay isst sechs Steaks

Nach seinem Olympiasieg 1960 ist klar, dass Cassius Clay den Schritt zum Profi machen muss, um wirklich der Größte werden zu können. Unklar ist lange nur, wer den 18-Jährigen managen soll. Den ersten Vertrag legte ihm schon vor den Olympischen Spielen sein erster Trainer Joe Martin vor. Er bot Clay 75 Dollar pro Woche garantiertes Gehalt plus eine Beteiligung an den Kampfbörsen. Der Vertrag sollte über zehn Jahre laufen. Cassius' Vater Cash empfand den Vertrag als Beleidigung. »Niemand kauft meinen Sohn für 75 Dollar die Woche für zehn Jahre! Der Sklavenhandel ist vorbei«, rief er dem Polizisten zu. Martin, nicht nachtragend, stellte daraufhin den Kontakt zu dem aus Louisville stammenden Multimillionär William Reynolds her, der sein Vermögen vor allem mit Aluminium und Stahl gemacht hatte. Einige Monate bevor Clay nach Rom zu den Olympischen Spielen flog, stellte sich der junge Boxer in der Villa des Millionärs vor. Dort sollte er für ein paar Wochen Reynolds' Tante im Haushalt zur Hand gehen, hier ein wenig fegen, dort ein bisschen bei der Gartenarbeit helfen, nebenbei ein paar Dollar verdienen und den Millionär durch seinen Arbeitseifer überzeugen. Nun, die Tante entpuppte sich als ziemlicher Drachen, Cassius und sie verstanden sich nicht. »Er ist ein Tagträumer«, beschwerte sie sich bei ihrem Neffen über den großen, schwarzen Jungen mit dem losen Mundwerk. Die Situation eskalierte, als das Auto der Tante eines Tages die Auffahrt blockierte und Clay sich kurzerhand in die Luxuskarosse setzte, um sie umzuparken. »Was macht der Nigger in meinem Auto?«, soll die Tante geschrien haben, zumindest stellte Ali es Jahre später in seiner Autobiografie so dar.

Doch als Clay tatsächlich als Olympiasieger aus Rom zurückkehrt, ist William Reynolds noch immer an einer Zusammenarbeit interessiert – sogar mehr denn je. In New York darf der Olympiasieger eine Nacht in Reynolds' Privatsuite im Waldorf Astoria verbringen. Außerdem besucht er zusammen mit Reynolds' persönlichem Assistenten Manhattan, kauft seinen Eltern mit dem Geld des Millionärs ein paar Geschenke, Schmuck für Mutter »Bird«, eine Uhr für Vater Cash, anschließend geht es in ein Restaurant. »›Iss so viele Steaks, wie du willst‹, wurde mir gesagt. Ich aß sechs«, erinnert sich Ali in seiner Autobiografie. Ein paar Tage später unterbreitet Reynolds der Familie Clay sein Angebot: 10.000 Dollar sofort für die Unterschrift, dazu 3600 Dollar garantiertes Jahreseinkommen für zehn Jahre; alle weiteren Einnahmen sollen zwischen Clay und Reynolds geteilt werden. Die Kosten für Trainer und Trainingscamps will der Millionär übernehmen, der treue Joe Martin soll Clays Profitrainer werden.

Ein überaus faires Angebot, für alle Seiten. Doch Clay lehnt ab. Reynolds und Martin vermuten den Vater hinter der Absage, aber Clay selbst offenbarte später, dass er wegen der Geschichte mit Reynolds' Tante beleidigt war.

Wochen später unterschreibt Clay einen Vertrag mit der Louisville Sponsoring Group, einer Gruppe von zehn (später elf) Millionären aus Louisville, die den Boxer als relativ günstiges Investitionsobjekt unter ihre Fittiche nehmen. Auch ihr Angebot ist fair – wenige Jahre zuvor wäre ein talentierter Boxer wie Clay noch so gut wie sicher in die Hände der Mafia gefallen und hätte deutlich weniger kassiert. Clay bekommt 10.000 Dollar Prämie für die Unterschrift, außerdem für sechs Jahre ein garantiertes Monatsgehalt von 333 Dollar. Sämtliche Kampfbörsen werden zwischen ihm und den Investoren geteilt.

Außerdem fließen 15 Prozent der Einnahmen in einen Rentenfonds für Clay. Joe Martin spielt in diesem Deal allerdings keine Rolle mehr.

Cassius Clay versenkt seine Goldmedaille (nicht) im Ohio

Vielleicht war Cassius Clay auf seine bei den Olympischen Spiele in Rom als Amateur gewonnene Goldmedaille stolzer als auf jeden Gürtel, den er für seine Weltmeisterschaften als Profi bekommen hat. Der Olympiasieg war sein erster internationaler Titel und machte den gerade mal 18-Jährigen auch im Ausland berühmt.

Vor allem aber genoss Clay die Zeit in Rom in vollen Zügen. Weggenossen erinnern sich daran, dass er so etwas wie der Bürgermeister des Olympischen Dorfes war, weil er mit allen redete und sich praktisch für jede Sportart und jeden Olympiateilnehmer interessierte. Seine Goldmedaille nahm er, sobald man sie ihm um den Hals gelegt hatte, wochenlang nicht mehr ab. Er trug sie in Rom, er trug sie nach seiner Rückkehr in die USA, erst in New York, dann in Louisville. Nicht mal zum Schlafen oder Duschen soll er sie abgelegt haben. Doch von einem Tag auf den anderen fehlte die Medaille um den Hals und ward nie mehr gesehen. Clay erzählte eine wahrlich herzzerreißende Story über die Gründe ihres Verschwindens, in deren Mittelpunkt eine üble Demütigung, ein fast noch üblerer Streit mit einer Motorradgang und ein schicksalhafter Wurf standen. Die Geschichte ging so:

Nach seiner Rückkehr nach Louisville fahren Cassius Clay und sein Jugendfreund Ronnie durch Louisville. Als sie Hunger bekommen, halten sie in einem Weißenviertel an und betreten ein Diner. Der Kellner erkennt den Boxer und nimmt freundlich die Bestellung auf, doch der Besitzer des Diners wirft die beiden Freunde kurze Zeit später raus. Das sei kein Laden für Schwarze und ihm sei es egal, ob dieser Schwarze zufällig der Olympiasieger im Schwergewicht sei. Nigger bleibe Nigger, und die würden in seinem Laden nicht bedient. Vor dem Restaurant kommt es zu allem Überfluss auch noch zu einem Handgemenge mit Mitgliedern einer Motorradgang, aus dem Clay und sein Freund nur mit Mühe verbeult, aber heil herauskommen. Schließlich fahren sie ans Ufer des Ohio, der durch Louisville fließt, um sich auszuruhen. Dort beschließt Clay spontan, die Medaille in den Fluss zu werfen. Sie sei ihm plötzlich wertlos vorgekommen. Er fühlte sich herabgesetzt von seinem eigenen Land, für das er die Goldmedaille errungen hatte. Von einem Land, in dem er selbst in seiner Heimatstadt, wo er »den Nonnen beim Putzen des Schulgebäudes geholfen hatte«, aufgrund seiner Hautfarbe aus einem Restaurant geworfen wurde. Dies schreibt Ali später in seiner zusammen mit Richard Durham verfassen Autobiografie »The Greatest: My Own Story«.

Clay warf die Goldmedaille aus Protest gegen Rassismus und die Rassentrennung auf den Grund des Ohio – eine ergreifende Geschichte, die aber vielleicht gar nicht wahr ist. Alis späterer Biograf Thomas Hauser, der für sein Buch mit praktisch jedem gesprochen hat, den Ali jemals getroffen hat, ist der festen Überzeugung, dass der Boxer die Medaille damals schlicht verloren hat. So sieht es auch Alis bester Freund Howard Bingham, der den Boxer aber erst seit 1962 kennt.

Ali bestätigte in späteren Jahren, dass er die Medaille verloren habe. So richtig entscheiden konnte er sich aber nicht. In seinem zusammen mit seiner Tochter Hana verfassten, 2002 erschienenen Buch »Mit dem Herzen eines Schmetterlings« schrieb er, die Welt solle die Wahrheit erfahren – seine Goldmedaille liege irgendwo auf dem Grund des Ohio. Unzweifelhaft ist, dass der tief berührte Ali 1996 während der Olympischen Spiele in Atlanta vor einem Basketballspiel des US-Teams eine Nachbildung seiner abhandengekommenen Medaille erhielt.

Cassius Clay legt seinen »Sklaven-namen« ab

Am Tag nach seinem ersten Triumph gegen Sonny Liston am 25. Februar 1964, durch den er zum ersten Mal Weltmeister wird, bekennt sich Cassius Clay zur Nation of Islam. Gerüchte, dass der Bald-Weltmeister zum Islam konvertiert ist und der von Elijah Muhammad angeführten militanten Sekte angehöre, die die Vorherrschaft der schwarzen Rasse predigte, hat es vorher schon gegeben. Auch Clays Freundschaft zu Malcolm X, dem bekanntesten Prediger der damals auch despektierlich »Black Muslims« genannten Nation, war irgendwann nicht mehr zu leugnen. Er verschrieb sich dem muslimischen Glauben und mied sogar weiße Menschen. Obwohl er getauft wurde, offenbarte er, noch nie einen Bezug zum Christentum gehabt zu haben. Ihm war bewusst, nun zu den Menschen zu gehören, die vielen Vorurteilen und Hass ausgesetzt sind. Allerdings bekundete er, nichts anderes zu wollen, als frei zu sein und in Frieden zu leben, zu beten und seiner Familie treu zu sein.

Tatsächlich war die Nation of Islam nicht so friedvoll, wie Clay sie damals dargestellt und wahrscheinlich auch selbst wahrgenommen hat. Vermutlich waren es auch Mitglieder der Nation, die später Malcolm X ermordeten. Die Nation berief sich zwar auf den Islam, war aber vielmehr eine Sekte, die Elemente des Islam und des Korans mit eigenen Ansichten mischte. Die Mitglieder glaubten etwa, dass vor 76 Trilliarden Jahren der schwarze »Ur-Mann« Allah entstanden sei und irgendwann am Himmel ein gigantisches, radförmiges Raumschiff auftauchen werde, das die Welt vernichten und die Rechtschaffenen am Leben lassen werde.

Heute ist Ali längst nicht mehr Mitglied, 1975 wandte er sich der sunnitischen Glaubensrichtung des Islam zu. Doch damals war er Teil der Nation of Islam, er unterwarf sich Elijah Muhammad und den Seinen – obwohl das dem »ehrenwerten Elijah Muhammad« nicht mal wirklich recht war. Boxen sei unislamisch, ein sinnloser Zeitvertreib, meinte der nämlich. Nachdem Ali Weltmeister geworden war und sich zur Gruppierung bekannt hatte, erkannte Muhammad das Marketingpotenzial und bekannte sich ebenfalls zu Clay. Beinahe gleichzeitig kam es zum Bruch zwischen der Nation und Malcolm X. Nach einer Pilgerreise nach Afrika und Mekka hatte Malcolm X sich von der Theorie der »black supremacy«, also der Vorherrschaft der schwarzen Rasse, abgewandt und plädierte stattdessen für die Aussöhnung der Rassen. Wohl auch, um Clay nicht an seinen Rivalen Malcolm X zu verlieren, verkündete Nation-Führer Muhammad im Radio, Cassius Clay den Namen Muhammad Ali verliehen zu haben, der so viel bedeutet wie »einer, der es wert ist, gepriesen zu werden«. Ein Grund dafür war, dass sein bisheriger Name keinen Bezug zum islamischen Glauben hatte und somit vom Nation-Führer nicht für würdig gehalten wurde.

Einen muslimischen Namen verliehen zu bekommen war so ziemlich die größte Ehre, die einem Black Muslim gewährt werden konnte. Elijah Muhammad und die Seinen waren der Meinung, dass die Nachnamen der amerikanischen Schwarzen in Wahrheit »Sklavennamen« waren. Tatsächlich war es üblich, dass Sklaven Eigentum ihres Besitzers waren und darum auch dessen Nachnamen bekamen. Nach ihrer Freilassung behielten sie diese Namen. Die Muslims schrieben deswegen, bis sie einen muslimischen Ehrennamen bekamen, ähnlich wie der als Malcolm Little zur Welt gekommene Malcolm X, statt ihres Nachnamens nur ein X. Auch Cassius Clay nannte sich bis zur Umbenennung eine Zeit lang Cassius X.

Nun waren seine Vorfahren wohl tatsächlich irgendwann Sklaven gewesen, doch Cassius Marcellus Clay, nach dem sowohl der Boxer als auch sein Vater benannt waren, war einer der bekanntesten Gegner der Sklaverei Amerikas. Der Politiker und Mitgründer der Republikanischen Partei war Abolitionist, setzte sich leidenschaftlich für die Abschaffung der Sklaverei ein und war unter Präsident Abraham Lincoln erst Botschafter in Russland und später einer der Urheber der Emanzipationsproklamation von 1863, die die Sklaverei in den Südstaaten abschaffte.

Cassius Marcellus Clay war also ein ziemlich guter Name, wie auch der Boxer Clay, nun Muhammad Ali, jahrelang gefunden hatte. Man denke dabei sofort an das Kolosseum und die römischen Gladiatoren, hatte er noch 1964 gesagt. Nun aber wollte er nur noch Muhammad Ali genannt werden – und konnte sogar grausam werden, wenn ihn jemand mit dem alten Namen ansprach. Das bekam Ernie Terrell zu spüren. Der Boxer mochte Ali und kannte ihn schon seit Jahren, als sie 1967 um den Weltmeistertitel boxten. Im Vorfeld des Kampfes hatte Terrell, wohl nicht in böser Absicht, den Fehler gemacht, Ali mit altem Namen anzusprechen. Ali hatte sehr ungehalten darauf reagiert, woraufhin Terrell das Ganze zur PR-Masche erklärte. Die Folgen bekam er während des Kampfes zu spüren. Ali prügelte ihn windelweich, weigerte sich aber, Terrell k. o. zu schlagen. Immer, wenn Terrell kurz davor war zu fallen, ließ Ali von ihm ab, immer wieder schrie er: »What's my name? What's my name?« Terrell verließ den Ring grün und blau geschlagen nach 15 Runden und mit einem einstimmigen Punktrichterurteil gegen sich. Den früheren Box-Weltmeister Floyd Patterson demütigte Ali auf ähnliche Weise.

Seinen Namen zu ändern habe zu den wichtigsten Dingen gehört, die ihm widerfahren seien, befand Ali noch Jahre später in der Biografie von Thomas Hauser. Wichtig war es für ihn vor allem, um sich von seiner bisherigen, von ihm als sklavenhaft empfundenen Identität zu befreien. In der amerikanischen Öffentlichkeit kamen Clays Konversion zum Islam und sein neuer Name alles andere als gut an. Schlimm genug, dass der neue Weltmeister im Schwergewicht ein Großmaul war, nun gab er auch noch das Christentum auf und äußerte sich zu politischen Themen. So etwas hatte die Welt noch nicht gesehen. Damals konnte keiner ahnen, dass Clays Umbenennung erst der Anfang seiner Rebellion und seines Kampfes gegen Rassismus und Ungerechtigkeit war.

Muhammad Ali lässt sich scheiden, weil seine Frau sich zu sexy anzieht

In jungen Jahren galt Muhammad Ali, den sein langjähriger Ringarzt Ferdie Pacheco später wegen seines ausschweifenden außerehelichen Sexlebens als »Beckenmissionar« bezeichnete, Frauen gegenüber als äußerst schüchtern. Zu Highschool-Zeiten war er sogar nach dem ersten Kuss seiner damaligen Freundin in Ohnmacht gefallen. Weil Cassius Clay zwar ständig davon redete, wie gut er aussehe, aber nie mit einer Freundin gesehen wurde, hieß es, dass der großmäulige Boxer vielleicht schwul sein könnte.

Nach seinem ersten Kampf gegen Sonny Liston und seiner Konvertierung zum Islam reist Ali für mehrere Wochen nach Afrika. Nach der Rückkehr stellt Herbert Muhammad, Sohn des Nation-of-Islam-Chefs Elijah Muhammad und bald sein Manager, ihm das Fotomodell Sonji Roi vor. Nur 41 Tage nach dem ersten Treffen heiraten die beiden im August 1964. Heute berichten Wegbegleiter unisono, dass sie wirklich verliebt gewesen seien, doch damals sorgt die

Hochzeit für Entsetzen bei Alis neuen muslimischen Freunden. Die Ehe hält nur wenige Monate. Roi, zuvor als Partygirl bekannt, konvertiert zwar für Ali zum Islam, doch an das Leben im engen Korsett der teilweise pseudoislamischen Regeln der Nation kann und will sie sich nicht gewöhnen. Vor allem will sie sich nicht vorschreiben lassen, wie sie sich anzuziehen hat. »Alles, nur nicht die Kleider«, sagte sie später. Außerdem nervt sie Alis Entourage mit spöttischen Fragen nach dem angeblichen Mutterschiff, das auf die vermeintlich Gerechten warte.

Am 23. Juni 1965, nicht mal ein Jahr nach der Hochzeit, reicht Ali die Scheidung ein. Seine Frau sei nicht willens oder nicht in der Lage, ein Leben nach den Prinzipien des Islam zu führen, so seine Begründung. Ali heiratet noch zweimal, ehe er in Lonnie 1986 endlich die Frau fürs Leben findet, mit der er bis heute zusammenlebt.

Muhammad Ali wird zum Selbstdarsteller

Schon bei seinem Profidebüt kannten die Boxfans Cassius Clay als »The Louisville Lip«, den Vielsprecher aus Louisville. Doch erst eine Begegnung mit dem Wrestler George Wagner alias »The Gorgeous George« machte Clay 1961 zum richtigen Großmaul, Selbstdarsteller und genialen Verkäufer seiner selbst. Im Vorfeld ihrer Kämpfe waren die zwei in eine lokale Radiosendung eingeladen. Während Clay auf die Fragen des Moderators relativ brav antwortete, staunte er nicht schlecht, was der Wrestler vom Stapel ließ. »Ich bring ihn um, ich reiß' ihm den Arm ab! Wenn der Penner mich schlagen sollte, krieche ich auf allen Vieren durch den Ring und schneide mir die Haare ab. Aber das wird nicht passieren!« Clay war begeistert. Er konnte es nicht erwarten, sich den Kampf des Wrestlers anzuschauen – und ihn verlieren zu sehen. Er habe gewollt, dass dessen Gegner ihn fertigmachte, erinnerte sich Ali später.

Als er sich den Kampf des Wrestlers tatsächlich anschaute, war er nur noch begeisterter von der

Show und ließ sich von dem Feuereifer der Massen anstecken, ihn scheitern zu sehen. Von diesem Zeitpunkt an hatte er ein Vorbild der Selbstinszenierung und Provokation, Eigenschaften, die ihn ebenfalls zum Publikumsmagneten machten.

Und so begann der junge Boxer damit, schon vor den Kämpfen zu prahlen, seine Gegner zu demütigen und anzusagen, wann genau er sie k. o. schlagen würde. Vor seinem Kampf gegen Archie Moore, den Clay eigentlich sehr schätzte und der ihn 1960 auch einige Wochen trainiert hatte, rief Clay: »Nach Runde vier könnt ihr nach Hause gehen.« Die Prognose stimmte genau, und Clay hatte sein Markenzeichen weg. 21-mal prophezeite er im Laufe der Jahre das Ende seiner Boxkämpfe, 17-mal trafen seine Voraussagen ein. Er habe keine Ahnung, wie er das geschafft habe, sagte Ali. Er habe einfach Tickets verkaufen wollen, und dann hätten seine Prophezeiungen gestimmt. Hin und wieder half er allerdings auch nach, indem er deutlich schwächere Gegner nicht sofort niederstreckte, sondern wartete, bis die angekündigte Runde lief. Später ließ Ali diese Spielchen sein. Irgendwann verstand er, dass sie nicht wirklich sportlich waren.

Cassius Clay wird ausgemustert

1962 war Cassius Clay vom amerikanischen Militär in Louisville auf seine Tauglichkeit gemustert worden. Aufgrund seiner ausgezeichneten körperlichen Konstitution hatte der Boxer, wen wundert's, ein I-A für »einberufungstauglich« erhalten. Kurz bevor Clay zum ersten Mal gegen Sonny Liston kämpfte und Weltmeister wurde, standen die USA vor ihrem offiziellen Kriegseintritt in Vietnam. Man würde Rekruten brauchen, also wurden viele jungen Amerikaner erneut zur Musterung geschickt. Diesmal gehörte auch ein Intelligenz- und Wissenstest zu den Aufgaben.

Clay begibt sich einen Monat vor seinem ersten WM-Kampf zur Tauglichkeitsuntersuchung – und wird ausgemustert. Der medizinische Teil der Musterung verläuft erwartungsgemäß problemlos, doch beim 50-minütigen Test seiner geistigen Fähigkeiten erreicht er lediglich einen Army-IQ von 78. 16 Prozent der Getesteten in seinem Jahrgang schneiden noch schlechter ab. Schon in der Schule hatte Clay, der für seine schlauen Sprüche und seine Klugheit bekannt war, außerordentliche Probleme mit Mathematik, auch Lesen und Schreiben bereiteten ihm Mühe – heute geht man davon aus, dass er Legastheniker ist. Den Highschool-Abschluss bekam Clay vor allem auf Initiative des Schuldirektors, der die boxerischen Fähigkeiten seines Schülers bewunderte und dessen Karriere nicht im Weg stehen wollte.

Die Army revidiert den ersten Musterungsbescheid und stuft Clay als I-Y ein: »unter gegenwärtigen Standards für den Dienst bei den Streitkräften nicht geeignet«. Clay ist das Ergebnis seines Intelligenztests äußerst unangenehm. Zwei Monate später lässt man den Test unter Aufsicht von Psychologen wiederholen, Clay – jetzt schon Muhammad Ali – fällt erneut durch. Sein lapidarer Kommentar gegenüber der Presse: »Ich habe gesagt, dass ich der Größte bin, nicht der Klügste.«

Als Muhammad Ali keinen Ärger mit dem Vietcong hatte

Muhammad Ali sitzt auf einem weißen Plastikstuhl auf der Veranda seines kleinen Hauses in Miami, als der x-te Anruf des Tages ihn zu einem seiner berühmtesten Sätze verleitet. Nach der bizarren Ausmusterung 1963 ist das Thema Militärdienst für ihn eigentlich erledigt, doch nach dem offiziellen Eintritt der USA in den Vietnamkrieg benötigt Uncle Sam immer mehr Soldaten. Im Februar 1966 lockert der US-Kongress die Kriterien für die Einberufung, ab sofort können auch Rekruten eingezogen werden, die beim Intelligenztest durchgefallen sind. Bis auf die untersten 15 Prozent können nun alle Männer eingezogen werden, die körperlich tauglich sind – also auch Ali.

Am 17. Februar wird der Weltmeister wieder als I-A eingestuft – somit kann die Army ihn jederzeit einberufen. Ein Journalist nach dem anderen ruft an, um eine Reaktion zu bekommen. Robert Lipstyle ist an jenem Tag zufällig bei Ali in Miami. Der Journalist erinnerte sich später, in der Ali-Biografie von Thomas Hauser, dass die Reaktion von Ali alles andere als religiös oder politisch fundiert gewesen war. Vielmehr war es einfache Angst und Unverständnis.

Den Journalisten sagt Ali an diesem Nachmittag, dass er kein Verständnis für seine Einberufung habe und dass ihm keine Veränderung seiner Intelligenz nachzuweisen sei.

Doch im Laufe des Tages wird Ali immer aufgeregter, schließlich sagt er einem Reporter: »Man, I ain't got no quarrel with the Vietcong«, auf Deutsch: »Mann, ich habe keinen Ärger mit dem Vietcong.«

Das ist der Satz, auf den alle gewartet haben. Am nächsten Tag machen die meisten Zeitungen mit diesem Spruch auf. Ali hat ihn intuitiv und wohl ohne Hintergedanken verwendet, doch er trifft einen Nerv und steht urplötzlich im Zentrum einer landesweiten politischen Debatte. Aus dem Nichts hat die sich gerade formierende Antikriegsbewegung nicht nur ein Motto, sondern auch ihr prominentestes Gesicht gefunden. Während die meisten politischen Kommentatoren Ali als Drückeberger, als »nationale Schande«, »feiges Nigger-Großmaul« oder »größten Versager aller Zeiten« bezeichnen, wird er bei

Pazifisten und vielen Schwarzen zum Volkshelden. Zunächst nur wegen eines flapsigen Satzes, dann mehr und mehr wegen seiner Standhaftigkeit. Genau wie er sich einige Jahre zuvor bedingungslos der Nation of Islam verschrieben hatte, sind nun der Kampf gegen den sinnlosen Krieg in Vietnam und gegen seine eigene Einberufung zu einer persönlichen Angelegenheit Alis geworden. Er ist bereit, dafür alles aufs Spiel zu setzen.

Muhammad Ali bleibt einfach stehen

Am 28. April 1967, rund fünf Wochen nach seinem glänzenden K.-o.-Sieg in der siebten Runde gegen Zora Folley im New Yorker Madison Square Garden, trifft um acht Uhr morgens der Rekrut Cassius Clay, der sich selbst Muhammad Ali nennt, an der United States Armed Forces Examining and Entrance Station in Houston/Texas ein. Empfangen wird er vor dem Gebäude von einer Gruppe von Kriegsgegnern, die ihm »Ali, don't go, don't go!« zuruft. Er begrüßt sie mit der erhobenen Faust der radikalen Schwarzen-Partei der Black Panther. Im Stützpunkt erwarten ihn bereits eine Reihe von Generälen, Soldaten und 25 weitere arme Teufel, die an diesem Tag offizielle Mitglieder der US Army werden sollen.

Mittags bekommen die 26 Rekruten ein Lunchpaket, bestehend aus je einem Sandwich mit Rindfleisch und gekochtem Schinken, einem Apfel, einer Orange und einem Stück Kuchen. Ali wirft das Schinken-Sandwich weg, den Rest isst er. Um 13.05 Uhr werden die Rekruten in den sogenannten Feiersaal des Stützpunkts gebracht, wo sie sich in einer Reihe aufstellen sollen. Der Rekrutierungsoffizier erklärt ihnen die symbolhafte Prozedur, die sie nun vor sich haben, um in die Streitkräfte der Vereinten Nationen einzutreten: Bei Aufruf einen Schritt vortreten, um den Eintritt in die Teilstreitkraft zu bestätigen.

Ein paar Rekruten haben den schicksalhaften Schritt schon gemacht, als schließlich der Name Cassius Marcellus Clay aufgerufen wird. Doch niemand regt sich. Der Mann, der im Ring mit seinen Gegnern tanzt und erst Monate zuvor den Ali-Shuffle erfunden hat – eine Taktik, bei der ein Angriff vorgetäuscht wird, indem der Boxer seine Füße nach vorne wirft und den Gegner so verwirrt –, bleibt einfach stehen. Cassius Marcellus Clay verweigert den Schritt in die Army. Nach einer Belehrung, dass die Verweigerung eine Straftat darstelle, die mit fünf Jahren Gefängnis und 5000 Dollar sanktioniert werden könne, wird die Prozedur wiederholt. Wieder bleibt Ali stehen.

In seiner Begründung für seine Verweigerung schreibt Ali: »Ich verweigere die Einberufung in die Streitkräfte der Vereinigten Staaten, da ich als Geistlicher der islamischen Religion davon befreit zu werden beantrage.«

Der Presse gegenüber erklärt er später, dass er einen Eintritt in die Army nicht mit seinem Glauben hätte vereinbaren können und er auf die Ideologie der Gerechtigkeit zähle.

Ali hat Ernst gemacht, er legt sich mit der Regierung und der Justiz seines Landes an. Es geht schon lange nicht mehr darum, ob er Angst vor dem Krieg oder um seine Karriere hat, es geht ums Prinzip. Seine Berater und auch die Army haben ihm in den vergangenen Monaten alle möglichen Brücken zu bauen versucht, am Ende ist klar, dass er nie als Kombattant nach Vietnam geschickt worden wäre. Ähnlich wie viele Schauspieler oder der spätere US-Präsident George W. Bush hätte er seine Dienstzeit nach der Grundausbildung zu Hause absitzen können oder nur vietnamesischen Boden betreten, um mit Schaukämpfen die Moral der Truppe zu stärken.

Doch Ali ist in den letzten Monaten zum entschiedenen Kriegsgegner geworden, er hat sich informiert, sich mit Antikriegsaktivisten getroffen, Vorträge besucht, viel gelesen und sich sogar der pazifistischen Bürgerrechtsbewegung um Martin Luther King angenähert, die er Jahre zuvor noch veralbert hatte. Immer wieder hat er in den Monaten vor der endgültigen Verweigerung den Bürgerrechtler Stokely Carmichael zitiert. Kein Vietcong habe ihn jemals Nigger genannt. Er sehe keinen Grund, wieso er im Auftrag von Weißen braunhäutige Vietnamesen töten sollte, während in seiner Heimat die sogenannten Nigger wie Hunde behandelt wurden. Ali ist in jenen Monaten zu einem politischen Menschen geworden. Der damals wohl schon weltweit bekannteste Afroamerikaner setzt seine Reputation, Karriere und seine Freiheit für seine Überzeugungen aufs Spiel. »Dann sollen sie mich halt ins Gefängnis stecken«, sagt er.

In der Biografie von Thomas Hauser erklärte Ali Anfang der 1990er-Jahre, dass seine Verweigerung absolut nichts mit einem Machtbeweis zu tun hatte, sondern nur auf seiner Treue zum Glauben und der damit verbundenen Verantwortung basierte.

1967 ist das Prinzip der Kriegsdienstverweigerung aus Gewissensgründen in den USA zwar nicht unbekannt, aber kaum einer traut sich, es einzufordern. Indem Muhammad Ali an jenem 28. April 1967 einfach stehen blieb, wuchs er über den Sport hinaus. Er wurde zu einem politischen und sozialen Symbol für Gleichberechtigung der Rassen und für den Kampf gegen Rassismus und Krieg. Das Großmaul war erwachsen geworden, man hörte ihm zu. Nicht nur in Amerika, sondern auf der ganzen Welt.

Doch zunächst erfährt er die Rache des Systems. Kaum eine Stunde nach seiner Verweigerung entzieht ihm die New York State Athletic Commission sowohl die Weltmeistertitel als auch die Boxlizenz. Noch bevor eine formale Anklage gegen Ali erhoben worden ist. Die kommt wenige Wochen später. Ali wird wegen seiner Verweigerung zur Höchststrafe von fünf Jahren Gefängnis verurteilt, außerdem wird sein Pass eingezogen. Wegen seiner Berufung bleibt er vorerst auf freiem Fuß.

Es sollte bis 1971 dauern, bis das Oberste Gericht die Verurteilung kassierte und Ali recht gab. Seine Verweigerung aus Gewissensgründen wurde vier Jahre später als rechtens akzeptiert. Die Gerechtigkeit obsiegte. Seine Rückkehr in den Boxring hatte Ali bereits ein Jahr zuvor gefeiert.

Muhammad Ali kommt ins Guinnessbuch

Seit 1975 steht Muhammad Ali im Guinnessbuch der Rekorde – als Poet. Er hält den Rekord für das kürzeste englische Gedicht, das je geschrieben wurde. Während seines Exils hatte der Weltmeister im Wartestand begonnen, gegen Bezahlung Vorträge zu halten, die ihn unter anderem an die besten Hochschulen Amerikas führten. Gab es zunächst 500 bis 1500 Dollar pro Vortrag, steigerte sich das Honorar Ende der 1970er-Jahre auf bis zu 15.000 Dollar für ein paar Stunden.

Als Ali einmal während seines Exils Anfang der 1970er-Jahre an der Elite-Uni Harvard einen Vortrag hält, wird er gefragt, ob er den Zuhörern eines seiner Gedichte vortragen könnte. Ali überlegt kurz und sagt dann lächelnd: »Me? Whee!« Das Publikum ist begeistert. Den Rekord im Guinnessbuch hält er bis heute.

Muhammad Ali macht per Anhalter einen WM-Kampf klar

Fast drei Jahre befindet Ali sich schon in seinem boxerischen Exil, als sich plötzlich doch die Möglichkeit eines Comebacks andeutet. Über die Jahre hat sein Management immer wieder versucht, eine Lizenz für ihn zurückzugewinnen, die Anträge sind stets abgelehnt worden. Doch der Wind hat sich gedreht, die USA haben mittlerweile andere Probleme als einen großspurigen Boxer, der nicht nach Vietnam will. Am 15. November 1969 demonstrieren in Washington mehr als 250.000 Menschen gegen den Krieg. Alis Kriegsdienstverweigerung hat sich beinahe als prophetisch entpuppt, auch in bürgerlichen Kreisen ist der Stellvertreterkrieg am anderen Ende der Welt nicht mehr unumstritten. Anfang 1970 macht Leroy Johnson, der erste schwarze Senator von Georgia, dem Bürgermeister von Atlanta einen Kampf Muhammad Alis gegen Joe Frazier schmackhaft.

Frazier, zwei Jahre jünger als Ali und 1964 dessen Nachfolger als Olympiasieger, krönte sich am 16. Februar 1970 durch seinen Sieg gegen

Jimmy Ellis zum unumstrittenen Weltmeister im Schwergewicht – und damit zum ersten wirklich legitimen Nachfolger Alis. Und gegen diesen, Kampfname »Smokin' Joe« (wegen des an eine Dampfwalze erinnernden Offensiv-Box-stils), soll Ali seine umjubelte Rückkehr in den Ring feiern.

Problem nur: Frazier ist zwar auch der Meinung, dass Ali zurück in den Ring soll, und hat im Vorjahr schon bei Präsident Richard Nixon für ihn vorgesprochen, doch den Plan, Alis Aufbauhel-fer zu sein, findet er nicht ganz so toll, wie es sich Senator Johnson, Ali und seine Entourage erhofft haben. Also besucht der Champion im Exil seinen Nachfolger im August 1970 in des-sen Heimatstadt Philadelphia. Besser gesagt: Er lässt sich in einem Hotel in Philadelphia besu-chen. Ali braucht Kampf und Börse mehr als Frazier, aber ist er nicht noch immer der Größ-te – und der andere höchstens eine rauchende Dampfwalze? »Ich komme also ins Hotel, und aus einer Ecke der Lobby höre ich ihn schon mit seiner heiseren Stimme rufen: ›Smokin' Joe Fra-zier! Wo ist Smokin' Joe Frazier? Er hat meine Titel! Wo ist er?‹«, erinnerte sich Frazier 1978 in der BBC-Sendung »This is your Life« an die Be-gegnung.

Zufällig müssen beide nach New York, Frazier hat sich angeboten, Ali im Auto mitzunehmen, und wird von ihm während der ganzen Fahrt herausgefordert und provoziert. Dabei ging es eigentlich nur darum, dass ihm ›Smokin' Joe‹ Frazier seinen Titel streitig gemacht hat und dass Ali ihn zurückerobern will.

Bevor der Weltmeister Ali rausschmeißt, soll er ihm noch gesagt haben: »Nachdem ich dir den Hintern versohlt habe, kaufe ich dir ein Eis.« So schrieb es der erstaunte Ali später in seiner Autobiografie.

Ali bekommt seinen Kampf gegen Frazier. Wenn auch nicht sofort. Im Oktober 1970 gibt er sein Comeback in Atlanta gegen Jerry Quarry, den er in der dritten Runde durch technischen K. o. besiegt. Nach einem weiteren Aufbaukampf gegen Oscar Bonavena (Sieg durch technischen K. o. in der 15. Runde) steigt am 8. März 1971 im Madison Square Garden in New York der »Fight of the Century«, die erste von drei epischen Ringschlachten zwischen den beiden. Zum ersten Mal in der Geschichte stehen sich zwei ungeschlagene Weltmeister gegenüber, die Kampfbörse beträgt für jeden Boxer damals schier unvorstellbare 2,5 Millionen Dollar.

Wozu eine Fahrt »per Anhalter« doch gut sein kann ... Ungeschlagen ist Ali nach dem Kampf übrigens nicht mehr, doch das ist eine andere Geschichte.

Muhammad Ali singt am Broadway und spielt im Fernsehen einen Sklaven

Während seines Box-Exils nutzt Ali sein schauspielerisches Talent dafür, seinen Lebensunterhalt zu verdienen. Am 2. Dezember 1969 feiert in New York das Musical »Buck White« seine Premiere. Das Stück selbst ist kaum der Rede wert, doch Ali bekommt für seinen Auftritt – er spielt, na klar, einen militanten schwarzen Prediger – durchweg positive Kritiken. »Er singt mit einer wohlklingenden, leicht unpersönlichen Stimme, spielt ohne Unbehagen und bewegt sich mit natürlicher Würde. Er ist seiner würdig«, schreibt der Kritiker der *New York Times,* in jenen Jahren nicht unbedingt als Ali-nah bekannt.

Auch nach seinem ersten, später zurückgenommenen Rücktritt als Boxer zwischen 1978 und 1980 betätigt sich Ali als Schauspieler. An der Seite von Kris Kristofferson (»A star is born«, »Heaven's Gate«) spielt er in der vierteiligen Miniserie »Freedom Road« einen freigelassenen Sklaven, der zum ersten schwarzen Senator der USA wird. Auch für diese schauspielerische Leistung erhält er positive Kritiken. »Wer weiß, was aus ihm hätte werden können, wenn er damals eine richtige Schauspiel-Ausbildung bekommen hätte und nicht wieder in den Ring zurückgekehrt wäre«, sagte Kristofferson später.

Muhammad Alis Boxhandschuhe werden für fast eine Million Dollar versteigert

361.819 Dollar kassierte Muhammad Ali 1965 für den Rückkampf gegen Sonny Liston, seinen ersten Kampf als amtierender Weltmeister. Rund 100.000 Dollar weniger, als er für das erste Duell gegen den Altmeister bekommen hatte – und fast dreimal weniger, als Jahre später die Handschuhe einbringen, die Ali und Liston damals trugen.

Der Vergleich hinkt zugegebenermaßen etwas, inflationsbereinigt ist eine Million Dollar heutzutage weit weniger wert als damals. Viel Geld ist es aber auch heute noch. Im Februar 2015 wechseln jedenfalls die Handschuhe, die Ali und Liston beim Kampf in Lewiston trugen, bei einer Versteigerung für 956.000 Dollar den Besitzer. Ali hat beide Paare vorher unterschrieben, der Gewinner der Auktion bleibt anonym.

Die Handschuhe, die Ali während des Kampfs trug, dürfte fast jeder schon mal gesehen haben. Sie sind auf dem ikonenhaften Foto abgebildet, auf dem Ali über dem geschlagenen Liston thront und diesen, eine behandschuhte Faust auf Schulterhöhe, anbrüllt. Ein Foto, das viele Male reproduziert wurde und als Poster in den Zimmern zahlreicher Boxfans hängt. Ali hatte Liston damals in der ersten Runde ausgeknockt – mit einem Schlag, der für das bloße Auge nicht zu sehen gewesen war: dem berühmten »Phantom Punch«.

Muhammad Ali inspiriert Sylvester Stallone zu »Rocky«

Während sich in Europa zu Alis Kämpfen scharenweise Menschen in Schlafanzügen oder Bademänteln vorm Fernsehgerät versammelten, wurden in den USA die wenigsten Kämpfe des »Größten« live und landesweit übertragen. Bis in die 1970er-Jahre ist es vielmehr üblich, dass Fans ins Kino gehen, um Boxkämpfe zu sehen. Am Abend des 24. März 1975 kauft sich ein junger, ziemlich mittel- und mal wieder recht beschäftigungsloser Schauspieler namens Sylvester Stallone für 20 Dollar eine Kinokarte, um sich die Titelverteidigung Muhammad Alis gegen Chuck Wepner anzuschauen.

Wepner ist ein Gelegenheitsboxer, schon 35 Jahre alt, der seinen Lebensunterhalt vor allem mit dem Verkauf von Schnaps verdient. Mehr Schläger als Boxer, ohne aber über eine allzu große Schlagkraft in seinen Fäusten zu verfügen, neigt er außerdem dazu, sich während der Kämpfe Cuts und andere Verletzungen zuzufügen, weswegen er auch »The Bayonne Bleeder« (der Bluter aus Bayonne) genannt wird. Aber

Wepner hat es unter Box-Aficionados durchaus zu einem gewissen Ruhm gebracht, weil er den Ruf hat, nie aufzugeben, und auch die aussichtslos erscheinenden Schlachten ehrenvoll zu Ende kämpft. Gegen Ali hat Wepner an diesem Abend keine Chance, der Kampf verläuft von der ersten Minute an einseitig.

Doch in der neunten Runde passiert ein Wunder. Wepner schlägt einen Haken, trifft Ali voll an der Brust, woraufhin der zu Boden geht. Es ist das erste Mal, dass Ali in einem WM-Kampf angezählt wird – und es soll auch das einzige Mal bleiben. Ali beschwert sich zwar, dass Wepner ihm während des Schlags versehentlich auf den Fuß getreten ist und er darum das Gleichgewicht verloren habe – Filmaufnahmen belegen das –, doch der Schiedsrichter wertet Alis Ringbodenberührung als Niederschlag. Der Weltmeister ist schnell wieder auf den Beinen und verprügelt seinen Gegner in der Folge fürchterlich, doch erst in der 15. Runde fällt Wepner, gerade mal 19 Sekunden fehlen zum Schlussgong.

Das Publikum verabschiedet den Außenseiter mit stehenden Ovationen, der junge Schauspieler Stallone geht nach Hause, setzt sich an seine Schreibmaschine und schreibt innerhalb von nur vier Tagen den ersten Entwurf für das, was zu seiner Rocky-Saga werden sollte. Ein Jahr später kommt »Rocky« in die Kinos und macht den zuvor unbekannten Schauspieler zum Multimillionär. Es waren vielleicht die bestinvestierten 20 Dollar in der Geschichte des Films.

Weil Stallone unbedingt die Rolle der Hauptfigur Rocky Balboa selbst spielen will, lässt er sich auf eine niedrige garantierte Gage von 20.000 US-Dollar plus 620 Dollar pro Drehwoche und eine Beteiligung von zehn Prozent vom Einspielergebnis des Films ein. Der unerwartete Publikumserfolg macht Stallone quasi über Nacht reich, berühmt und angesehen in Hollywood.

Es gibt ausgezeichnete kulturphilosophische Abhandlungen über die Rocky-Saga, etwa von dem deutschen Intellektuellen Jan Philipp Reemtsma, der in seinem Buch »Mehr als ein Champion. Über den Stil des Boxers Muhammad Ali« die Wandlung Rocky Balboas in den verschiedenen Teilen der Saga zu Muhammad Ali beschreibt. Doch auch Laien erkennen in der Figur des Rocky-Gegners Apollo Creed einen herrlich überzeichneten Ali, der vom totalen Außenseiter Rocky im Film an den Rand der Niederlage gebracht wird.

In »Rocky II« sollte Wepner sogar zum Dank für die Inspiration eine kleine Rolle übernehmen, die aber dem Schnitt zum Opfer fiel. In den 1980er-Jahren wurde Wepner drogensüchtig und wegen Kokainbesitzes 1986 zu einer Gefängnisstrafe verurteilt. Nach seiner Freilassung wurde er clean und heiratete seine Jugendliebe, sowohl Ali als auch Stallone gratulierten. Später aber verklagte Wepner Stallone auf acht Millionen Dollar, weil dieser seine Geschichte geklaut habe. Man einigte sich außergerichtlich, und so machte der Kampf gegen Muhammad Ali Chuck Wepner zum zweiten Mal ein bisschen reich.

Muhammad Ali besucht seine irischen Verwandten

Dreimal war Muhammad Ali bisher in Irland. 1972 überzeugte ihn der irische Verleger Michael »Butty« Sugrue mit 300.000 Argumenten in Pfund-Form, einen Aufbaukampf im Dubliner Croke Park zu absolvieren. Ali besiegte Alvin Lewis nach elf Runden durch technischen K. o. 2003 kehrte er auf die Grüne Insel zurück, um der Eröffnungszeremonie der Special Olympics, der Olympischen Spiele der geistig Behinderten, beizuwohnen. Ali setzte sich seit Jahren für diese Veranstaltung ein und unterstützte sie nach Kräften. 2009 schließlich folgte die für Ali emotional wichtigste Reise nach Irland. Was die Wenigsten wissen – und auch Ali lange Zeit am liebsten verleugnet hätte: Der Mann, der so lange an die »black supremacy«, die Vorherrschaft der schwarzen Rasse, glaubte, hat ganz schön viel weißes Blut in sich.

Der Großvater seiner Mutter Odessa war aus der Verbindung einer Sklavin und eines Weißen hervorgegangen. Ihr Großvater väterlicherseits, Abe Grady, war ein weißer, irischer Einwanderer gewesen, den es unmittelbar nach dem Ende des amerikanischen Bürgerkriegs nach Kentucky verschlagen hatte. Odessa, gleichwohl in einer schwarzen Community aufgewachsen und in ihrer Kindheit wegen ihrer helleren Haut verspottet, war also mindestens zu einem Viertel Irin. Ihr Geburtsname, Grady, war alles andere als ein »Sklavenname«, sondern entsprang der Liebesheirat ihres Großvaters mit einer schwarzen Frau. Ähnlich wie US-Präsident Barack Obama stammt also auch Ali teilweise von Iren ab.

Bei seinem Irland-Besuch 2009 – Odessa ist schon 15 Jahre tot – trifft sich Ali mit seiner europäischen Verwandtschaft. Die Stadt Ennis, aus der Abe stammte, verleiht ihm die Ehrenauszeichnung »Freedom of Ennis«. Der frühere Boxer, der sich seitdem »Freedomman of Ennis« nennen darf, ist der erste Mensch seit 600 Jahren, dem die Stadt diese alte, vor allem in Großbritannien und Irland begehrte Auszeichnung zuteilwerden lässt. Eingebettet ist der Verwandtenbesuch in Irland in eine Weltreise, die Ali 2009 absolviert, um Spenden für die Erforschung der Parkinson-Krankheit zu sammeln.

Muhammad Ali widerspricht Donald Trump

Im Dezember 2015 fordert der Milliardär Donald Trump im republikanischen Vorwahlkampf zu den Präsidentschaftswahlen 2016 nach den Terroranschlägen von Paris und San Bernardino einen kompletten Einreisestopp für alle Muslime in die USA. Die Forderung sorgt allenthalben für große Empörung, Politiker aller Parteien distanzieren sich von Trump, Präsident Barack Obama lässt ausrichten, Trumps Wahlkampf gehöre »auf die Müllhalde der Geschichte«.

Auch Muhammad Ali, der prominenteste Muslim der Vereinigten Staaten, will diese absurde Forderung des Selfmade-Milliardärs nicht unbeantwortet lassen. Er veröffentlicht eine Erklärung, in der er Muslime in aller Welt dazu auffordert, »sich gegen die zu wehren, die den Islam für ihre persönliche Agenda nutzen«. Wahre Muslime wüssten, dass sich die Gewalt der sogenannten islamischen Dschihadisten gegen alles wende, wofür die Religion stehe, schreibt Ali. »Fehlgeleitete Mörder« hätten die Meinung der Menschen über den Islam verdreht. Es liege nichts Islamisches darin, unschuldige Menschen in Paris, San Bernardino oder sonstwo auf der Welt zu töten.

Muhammad Ali trifft den Dalai Lama

Auch der Größte aller Zeiten muss manchmal Jahre warten, bis sich gewisse Träume erfüllen. Lange hatte sich Muhammad Ali, der sich spätestens seit dem Ende seiner Boxkarriere als Friedensbotschafter versteht, gewünscht, einen anderen großen Botschafter des Friedens und der Liebe zu treffen. Im September 2003 ist es so weit: Während des Besuchs eines interkonfessionellen Tempels in Bloomington im US-Bundesstaat Indiana empfängt der Dalai Lama Muhammad Ali.

Hana, die Tochter des früheren Boxers, liest dem geistigen Führer der Tibeter eine Rede vor, die ihr Vater für das lang ersehnte Treffen geschrieben hat. »Halt dein Herz frei von Groll – er wird dich nur in die Knie zwingen«, heißt es darin. Der Muslim Ali und der Buddhist Tenzin Gyatso, wie der Dalai Lama mit bürgerlichem Namen heißt, stimmen darin überein, dass Spiritualität Teil des Alltags sein sollte, es aber darüber hinaus unerheblich ist, welcher Religion die Menschen angehören. »Alle Religionen haben das gleiche Potenzial und die gleiche Fähigkeit, der Menschheit zu dienen«, bekräftigt der Dalai Lama während des Treffens. Ali stimmt zu, hat aber am Ende doch ein kleines Problem. Er wusste, dass es nicht die richtigen Worte zur Verabschiedung gab, und entschied sich so für eine einfache Umarmung und ein Lächeln.

Elvis Presley schenkt Muhammad Ali eine diamantenbesetzte Robe

Im Februar 1973 bereitet sich Ali in Las Vegas auf seinen Kampf gegen den Australier Joe Bugner vor, der später Karriere als Schauspieler machen und in vielen Filmen an der Seite von Bud Spencer spielen sollte. Ein paar Tage vor dem Kampf besucht Elvis Presley den Boxer im Trainingscamp. Natürlich mit einer Menge Journalisten, Fotografen und Kameramännern im Schlepptau. Der »King« besucht den »Größten« – schönere Schlagzeilen bekommt man selten.

Als Gastgeschenk hat Elvis einen weißen, mit Edelsteinen besetzten Kampfmantel dabei, ganz im Stil seiner legendären Jumpsuits, die er auf der Bühne trägt. Auf der Rückseite des Mantels ist der Spruch »The people's choice« eingestickt – natürlich ebenfalls mit Edelsteinen. Die beiden sind sich von Anfang an sympathisch, obgleich die Konversation zunächst etwas unbeholfen vonstattengeht. »Sie schauten sich an wie zwei Hähne. ›Du siehst gut aus, Ali!‹ – ›Ja, du siehst gut aus, Elvis‹«, erinnert sich Alis langjähriger Ringarzt Ferdie Pacheco an die erste Begegnung der beiden Weltstars. »Sie wollten wirklich Freunde werden, wussten aber nicht so recht, was sie tun sollten. Sie fanden keine wirkliche Verbindung«, so Pacheco.

Als Ali am 14. Februar Joe Bugner besiegt, trägt er das Geschenk erst mal nicht. Doch dem etwas holprigen Kennenlernen folgen weitere Begegnungen mit Elvis, bei denen die beiden eine Verbindung zueinander finden. Sie freunden sich an.

Als Ali für seinen nächsten Kampf in den Ring steigt – sein elfter innerhalb von zwei Jahren seit seiner ersten Niederlage im ersten Kampf gegen Joe Frazier –, hat er den Kampfmantel des Freundes an, sehr zur Freude der Zuschauer in der Sports Arena in San Diego. Doch Ken Norton, bis dahin noch ein Nobody, der lediglich dafür bekannt war, in Eddie Futch den gleichen Trainer wie Alis hartnäckigster Rivale Joe Frazier zu haben, fügt Ali an diesem 31. März 1973 seine zweite und äußerst schmerzhafte, weil total unerwartete Niederlage zu.

Die Freundschaft zu Elvis hielt bis zu dessen Tod 1977, doch den vermaledeiten Kampfmantel hat Ali nie mehr getragen.

Muhammad Ali wird ein Feiertag gewährt

Los Angeles hat Muhammad Ali nicht so richtig viel Glück gebracht. Sicher, er bestritt vier Kämpfe in und um LA, von denen aber nur sein glänzender Sieg im Aufbaukampf gegen Altmeister Archie Moore 1962 in der Sports Arena und der – mehr als umstrittene – Punktsieg im Rückkampf gegen seinen Angstgegner Ken Norton 1973 im The Forum im Vorort Inglewood in Erinnerung geblieben sind. Nach seiner dritten Hochzeit lebte er für einige Jahre mit Veronica Porche und den gemeinsamen Töchtern Laila und Hana größtenteils in der Nähe von Hollywood. Doch nach der Scheidung – Porche verließ ihn kurze Zeit nach seiner Parkinson-Diagnose – zog er auf eine Farm in Michigan.

Anlässlich seines 60. Geburtstags 2002 will die Stadt Los Angeles ihrem Kurzzeit-Einwohner etwas Gutes tun. James Hahn, damals Bürgermeister der Metropole, arrangiert für Ali eine Gala im damals gerade neu erbauten Kodak Theatre, wo seit 2002 auch jedes Jahr die Oscars verliehen werden. An der Fassade des Gebäudes, das seit 2012 Dolby Theatre heißt, ist auch Alis Stern des Hollywood Walk of Fame angebracht. Freilich nicht auf dem Boden, sondern an der Fassade. Ali wollte nicht, dass »Leute auf meinem Namen herumlaufen, die keinen Respekt vor mir haben«.

Am 12. Januar 2002 versammeln sich die üblichen Verdächtigen aus Showbiz, Politik und Sport im Kodak Theatre, um den fünf Tage später folgenden 60. Geburtstag des »Größten« zu feiern. Tickets für die Gala mit 3300 Gästen wechseln für bis zu 100.000 Dollar den Besitzer – für den guten Zweck. Will Smith, dessen etwas tapsige und arg geschönte Interpretation des Boxers im Film »Ali« seit einem Monat in den Kinos läuft, und die damals schon unvermeidlichen Klitschko-Brüder Vitali und Wladimir dürfen umsonst zur Gala, ebenso wie Mariah Carey, Sylvester Stallone, John Travolta oder Sidney Poitier. Zur Freude der Gäste verkündet Hahn, dass der 17. Januar in Los Angeles fortan der Muhammad-Ali-Tag sein werde.

Auch der Geehrte klatscht, lässt aber noch einmal seine legendäre Unverschämtheit aufblitzen: »Warum eigentlich nur ein Tag?«, fragt er leise. Hahn erweist sich als ebenso schlagfertig wie Ali: »Ich kann Ihnen auch das ganze Jahrhundert widmen. Oder wollen Sie das Jahrtausend?«

Muhammad Ali kauft 2000 Tickets für seinen eigenen Kampf in München

Nach dem *Thrilla in Manila* lässt es Ali zunächst etwas ruhiger angehen. Der dritte und letzte Kampf gegen Frazier Ende 1975 hat beide Athleten ausgelaugt, körperlich wie seelisch. Unmittelbar, nachdem Fraziers Ecke den Boxer vor Beginn der letzten Runde aus dem Kampf nahm, erlitt Ali einen Schwächeanfall. Nicht wenige Ärzte gehen davon aus, dass mit den vielen Schlägen, die Ali in Manila kassierte, auch sein körperlicher Verfall den Anfang genommen hat. Zwar leidet Ali nicht an der unter Boxern häufig anzutreffenden Boxer-Demenz, sondern am Parkinson-Syndrom, sein Geist ist bis heute klar, doch es ist unzweifelhaft, dass er zu viele Schläge eingesteckt hat in seiner Karriere und dass dies seinem Gesundheitszustand nicht gerade zuträglich war.

Alis langjähriger Ringarzt Ferdie Pacheco meint heute, dass für ihn nach diesem Kampf der beste Zeitpunkt gewesen sei, seine Karriere zu beenden. Doch damals dachte niemand an einen Rücktritt, es galt vielmehr, den Triumph über Frazier zu vergolden. Vor seinem Box-Exil kassierte Ali für einen normalen Aufbaukampf zwischen 200.000 und 500.000 Dollar, für den Kampf gegen Foreman in Zaire bekam er 5,5 Millionen Dollar. Der *Thrilla* brachte ihm sechs Millionen ein. Danach war er so populär, dass er für jeden Aufbaukampf gegen die unbekanntesten Gegner mindestens zwei Millionen Dollar erhielt.

Ali boxte 1976 zunächst am 20. Februar in Puerto Rico gegen den selbst in seiner belgischen Heimat nur absoluten Boxexperten geläufigen Jean-Pierre Coopman, der schon vor dem Kampf Champagner trank, weil er gegen Ali in den Ring steigen durfte. Ali machte in der fünften Runde Schluss mit ihm. Jimmy Young, nicht viel bekannter, bereitete ihm etwas mehr als zwei Monate später am 30. April deutlich mehr Mühe. Der übergewichtige und nicht austrainierte Ali gewann einstimmig nach Punkten, was nicht nur Young als Fehlurteil bezeichnete.

Quasi unmittelbar nach der wohl schlechtesten Leistung seiner Karriere flogen Ali und seine mittlerweile auf mehr als 50 Personen angewachsene Entourage nach München. In der Olympiahalle stand am 24. Mai die Titelverteidigung gegen den Briten Richard Dunn an. Nach dem Kampf in Frankfurt gegen Karl Mildenberger 1966 war es das zweite und letzte Mal, dass Ali in Deutschland kämpfte. Obwohl er sich öffentlich für seine Leistung gegen Young entschuldigte und feierlich Besserung gelobte, lief der Vorverkauf nur äußerst schleppend an.

Dunn war ziemlich unbekannt, galt zwar nicht unbedingt als Fallobst, war aber auch nicht viel mehr als das. Zudem waren die Tickets nicht günstig. Um die Halle zu füllen, machte Ali schließlich den Vorschlag, auf 100.000 Dollar seiner 500.000-Dollar-Börse zu verzichten und dafür 2000 Karten zu kaufen, die er an in Deutschland stationierte US-Soldaten verschenken wollte. Er wusste um die Leidenschaft und das Interesse seiner Landsleute, den Kampf zu sehen. Für ihn war es ein Zeichen des Respekts und der Achtung, weil sie einen »Job« machten, den er aus Glaubensgründen nicht antreten konnte. So kaufte Ali also 2000 Tickets für seinen eigenen Kampf. Die eingeladenen Amerikaner sahen, wie Ali in der Olympiahalle seinen Gegner sechsmal zu Boden schlug und schließlich nach fünf Runden durch technischen K. o. gewann. Was sie und auch sonst niemand wissen konnte: Nach dem Kampf in München hat Ali nie wieder einen Gegner k. o. geschlagen.

Muhammad Ali hält einen Lebensmüden vom Suizid ab

19. Januar 1981: Gerade mal eine Meile vom Haus Muhammad Alis entfernt, droht sich an diesem grauen Januarnachmittag ein 21-jähriger Mann von einem Hochhaus in Los Angeles zu stürzen. Seit zwei Stunden versuchen Polizisten und Feuerwehrleute vergebens, dem Mann seinen Plan auszureden, als plötzlich ein Rolls-Royce gegen die Fahrtrichtung heranbraust und mit quietschenden Reifen direkt vor dem Hochhaus hält. Dem Luxusauto entsteigt der mittlerweile entthronte dreimalige Box-Weltmeister in Anzug und Krawatte, er kommt direkt von einem kleinen Empfang in seinem Haus.

Die Polizisten sind alles andere als erfreut über das Auftauchen Alis, eine gaffende Berühmtheit ist so ziemlich das Letzte, was sie brauchen. Doch weil der Mann noch immer keine Anstalten macht herunterzuklettern und im Gegenteil immer vehementer zu springen droht, und Ali wieder und wieder seine Hilfe anbietet, erlauben sie ihm schließlich, sein Glück zu versuchen. Ali fährt hoch, öffnet ein Fenster in der Nähe des Mannes und stellt sich vor. Der Lebensmüde traut zunächst seinen Augen kaum. Allmählich beginnen die beiden, sich zu unterhalten. Der Mann, Joe, erzählt ihm, dass er keinen Job und Probleme mit seinen Eltern habe. Schließlich erlaubt Joe Ali, in sein Zimmer zu kommen. »Die Polizei hatte mir gesagt, dass er eine Waffe hat. Also bin ich langsam zu ihm und habe gesagt: ›Ich komm' jetzt rein zu dir, aber erschieß mich nicht‹«, erinnerte sich Ali später. Joe habe geantwortet, dass er ihn nicht erschieße und gar keine Waffe habe. Nach einer Weile gelingt es Ali tatsächlich, den Mann zum Runterkommen zu bewegen. Er hilft ihm, sich umzudrehen und vom Fenstersims zurück ins Zimmer zu springen.

»Bundini« Brown versetzt für 500 lausige Dollar Muhammad Alis Gürtel

Anfang 1963 lernt Cassius Clay während der Vorbereitung seines Kampfes gegen Doug Jones in New York Drew »Bundini« Brown kennen. Brown war in den 1950er-Jahren Teil der Entourage von Clays Idol Sugar Ray Robinson gewesen und dient sich nun dem aufstrebenden Olympiasieger an – als Kotrainer, Betreuer und vor allem als Hofnarr und kongenialer Motivator und Gedichteschreiber.

Bundini war eine zwielichtige Gestalt. Schon als 13-Jähriger hatte er sich der US Army angeschlossen, zwei Jahre später war er unehrenhaft entlassen worden. Er bezeichnete sich als schwarzen Juden, weil er mit einer weißen Jüdin verheiratet gewesen war, und hatte das Talent, sich immer in Schwierigkeiten zu bringen. Doch Clay mochte ihn. »Drew lud Muhammads Batterie auf. Er kannte Muhammad, er war sehr wichtig für ihn«, sagte Alis ewiger Trainer Angelo Dundee.

Doch 1968 bekommt die Beziehung zwischen Ali und Bundini einen tiefen Riss. Während des Box-Exils des Weltmeisters versetzt Brown aus Geldnot Alis Weltmeister-Gürtel. Bundini ist dem Alkohol und auch anderen Drogen nicht gerade abgeneigt. Als ihn das schlechte Gewissen plagt, ruft er Ali an und beichtet. In der Hoffnung, den Weltmeister im Wartestand zu besänftigen, erklärt er ihm, dass der Gürtel viel weniger wert gewesen sei, als sie alle jahrelang dachten. »Ich habe 1500 Dollar gebraucht, um meine Autoraten bezahlen zu können. Aber die Edelsteine auf dem Gürtel sind nicht echt, Ali! Der Pfandleiher wollte mir gar nichts dafür geben!« Der Gürtel habe höchstens einen emotionalen Wert. Schließlich habe er ihn an einen Friseur in Harlem verkauft. Für 500 Dollar.

Ali ist außer sich und verbannt Brown aus der »Familie«. Die beiden sprechen 18 Monate kein Wort mehr miteinander. Doch als Ali am 26. Oktober 1970 in Atlanta gegen Jerry Quarry sein Comeback gibt, steht an der Ringecke neben Dundee und Pacheco wie selbstverständlich auch: Bundini Brown. Er bleibt bis zu Alis letztem Kampf 1982 an seiner Seite.

Muhammad Ali und Joe Frazier
versöhnen sich der Töchter zuliebe

Smokin' Joe Frazier war der erste Boxer, der Ali schlagen konnte, und er war derjenige, vor dem Ali den größten Respekt hatte. Allerdings gab Ali das erst nach dem letzten Aufeinandertreffen zu, dem epischen *Thrilla in Manila*. »So nahe bin ich dem Tod nie mehr wieder gekommen«, sagte Ali nach dem Kampf. Und: »Wir sind als Champions nach Manila gekommen und haben es als alte Männer verlassen.« Seinem Gegner bescheinigte er, »das Beste aus mir herauszukitzeln«, Frazier sei »ein höllischer Mensch, Gott segne ihn«.

Doch Alis Ehrerbietung kam zu spät. Frazier, außerhalb des Rings durchaus umgänglich und als liebevoller Familienvater bekannt, war sauer auf Ali. So sehr, wie kein anderer seiner Gegner es je gewesen war. Auch Jahre später hatte er Ali nicht verziehen. Noch in den 1990er-Jahren, Ali war längst krank, sagte er einmal, dass durch ihn das wahre Bild von Ali ans Licht kam und er, Smokin' Joe Frazier, der eigentliche Sieger aller Duelle sei.

Tatsächlich hat es Ali bei Frazier zu weit getrieben mit seinen Provokationen und Lästereien, das hat er mittlerweile selbst zugegeben. Er beschimpfte Frazier mehrmals als »Gorilla« und, viel schlimmer für Frazier, als »Onkel Tom«. Als Schwarzen, der für die Weißen arbeite, der gar kein richtiger Schwarzer sei. Im Gegensatz zu Ali, der aus der schwarzen Mittelschicht stammt und sein ganzes Leben nie hungern musste, kam Frazier aber aus ärmsten Verhältnissen. Er war derjenige, der sich wirklich hochgekämpft hatte. Zudem hatte Frazier immer zu Ali gehalten und sich während dessen boxerischen Exils für ihn eingesetzt. Und nun nannte Ali ihn »Onkel Tom«.

»Ich habe Ali wirklich gehasst. Seit 20 Jahren kämpfe ich gegen ihn, und noch immer möchte ich ihn Stück für Stück auseinanderreißen und die Stücke zu Jesus schicken«, sagte Frazier noch in den 1990er-Jahren. Erst 2001 fand die öffentlichkeitswirksame Versöhnung der beiden statt. In Verona, im Bundesstaat New York, kam es am 8. Juni zum vierten Duell Ali gegen Frazier. Nicht zwischen den mittlerweile betagten Herren, sondern zwischen ihren Töchtern Laila Ali und Jacqui Frazier. Erstmals wurde in den USA ein Frauenboxkampf zur Hauptsendezeit ausgestrahlt. Ali, die später Weltmeisterin werden sollte, gewann den auf acht Runden angesetzten Kampf nach Punkten. Noch wichtiger aber: Wenige Tage vor dem Kampf begruben die Väter ihre Dauerfehde, reichten sich die Hände und nahmen sich in den Arm. Als Joe Frazier im November 2011 dem Leberkrebs erlag, erwies ihm auch Muhammad Ali am Grab die letzte Ehre.

Eine Kuhglocke läutet Muhammad Alis Abschied ein

Von den vielen nicht ganz so klugen Ideen, die Muhammad Ali in seinem Leben gehabt hat, war die, am 11. Dezember 1981 in Nassau auf den Bahamas gegen einen Nobody namens Trevor Berbick in den Ring zu steigen, zweifellos eine der dümmeren. Eigentlich hatte Ali seine Karriere bereits am 15. September 1978 beendet – auf dem letzten Höhepunkt. In New Orleans hatte er Leon Spinks besiegt und war zum dritten Mal Weltmeister geworden. Schon bei diesem Kampf hatte er viel mehr sich selbst und seinen Boxstil parodiert als wirklich geglänzt. Schon da war seine Sprache leicht verwaschen gewesen. Kurzum: Es war der letzte richtige Zeitpunkt zum Aufhören gewesen.

Doch ein paar geschäftliche Tiefschläge, die Langeweile und falsche Freunde hatten ihn noch einmal zum Comeback bewegt – das beinahe in einer Katastrophe endete. Gegen seinen einstigen Trainingspartner Larry Holmes sieht Ali im Februar 1980 kein Land, es ist ein unwürdiges Schauspiel, dem Trainer Angelo Dundee nach zehn Runden ein Ende setzte. »Der Kampf glich einer Autopsie an einem noch lebenden Menschen«, sagte Sylvester Stallone. Zudem war Ali wegen einer Fehldiagnose – ein Arzt hatte ihm eine Schilddrüsen-Überfunktion bescheinigt und ein unter diesen Umständen hochgefährliches Medikament verschrieben – während des Kampfes extrem dehydriert gewesen und hatte sogar einen Schlaganfall riskiert.

Die Fehldiagnose gab Ali die Möglichkeit, seine krachende Niederlage gegen Holmes auf das Medikament zu schieben. Und weil er sich mit einem Sieg verabschieden wollte – später gab er immerhin zu, dass ihn die Gier verleitet hatte –, setzte sein Management im Dezember 1981 den Kampf gegen Berbick an. In Amerika wurde dem mittlerweile 39-Jährigen die Boxlizenz verweigert, deswegen fand der Kampf in Nassau statt. Das »Drama auf den Bahamas« geriet zum unwürdigsten Abschiedskampf, den man sich denken kann, es war eine einzige Farce. Ali, dem jeder Schritt schwerzufallen schien, verlor das Trauerspiel klar nach Punkten.

Aber das war noch nicht einmal das Schlimmste: Weil der Schlüssel zur Halle nicht auffindbar gewesen war, hatte der Kampf um mehrere

Stunden verschoben werden müssen, außerdem standen für alle Kämpfe des Abends nur zwei Boxhandschuhe zur Verfügung. Zu allem Überfluss hatte niemand eine Ringglocke mitgenommen. Die Runden wurden kurzerhand durch das Schlagen einer dumpf klingenden Kuhglocke beendet und begonnen. Da war es fast schon tröstlich, dass den Kampf in den USA kaum jemand mitbekam. Kein einziger Sender hatte das Trauerspiel live übertragen wollen.

Wieso Muhammad Ali so viele Autogramme schreibt

Sugar Ray Robinson, in den 1940er- und 1950er-Jahren Weltmeister im Welter- und Mittelgewicht, war das große Vorbild des jungen Cassius Clay. Vom tänzelnden, beweglichen und schnellen Boxstil des viel kleineren und leichteren Robinson schaute sich das Schwergewicht Clay so einiges ab. Bei Alis ersten WM-Kämpfen gehörte der New Yorker regelmäßig zur Entourage. Und Robinson ist auch dafür verantwortlich, dass es bis heute beinahe unmöglich ist, Ali pünktlich zu einem Termin erscheinen zu lassen.

Obwohl seit Jahren von der Parkinson-Krankheit gepeinigt, schreibt Ali immer noch jeden Tag Autogramme, unterhält sich mit Fans und posiert für Fotos, wenn er erkannt wird. »Er geht wirklich nicht, bevor wirklich jeder sein Autogramm oder Foto hat. Reisen mit ihm sind ein richtiges Geduldsspiel«, sagt Alis bester Freund und regelmäßiger Reisebegleiter Howard Bingham.

Schuld daran ist Sugar Ray Robinson – weil er ein schlechtes Vorbild war. Bevor Cassius Clay 1960 nach Rom zu den Olympischen Spielen flog, trafen sich alle amerikanischen Olympiateilnehmer in New York. Clay nutzte den Aufenthalt, um sein Idol zu suchen und ihn um ein Autogramm zu bitten. Nachdem er den ganzen Nachmittag vor einem Nachtklub gewartet hatte, der Robinson gehörte, tauchte der Boxer gegen 22 Uhr endlich auf. Er sei so aufgeregt gewesen, dass er zum ersten Mal in seinem Leben buchstäblich sprachlos gewesen sei, sagte Ali später. »Ich riss mich zusammen und ging zu Mister Robinson. Ich sagte ihm, dass ich der beste Schwergewichtsboxer der Welt werden wollte. Ich sagte ihm, er sei mein Held.« Doch Robinson nahm den großen Jungen gar nicht richtig wahr, klopfte ihm nur flüchtig auf die Schulter und verschwand im Nachtklub. »Ich war am Boden zerstört«, erinnerte sich Ali. »In diesem Moment schwor ich mir, niemals einen Fan abzuweisen«, schreibt er in seinem Buch »Mit dem Herzen eines Schmetterlings«.

Wie ein japanischer Pelikan Muhammad Ali einmal fast die Beine brach

Was man eben so tut für sechs Millionen Dollar Kampfgage. Als Muhammad Ali am 27. Juni 1976 Japan verlässt, hat er eine der demütigendsten Stunden seiner Laufbahn hinter sich – und ein schwer entzündetes Schienbein. Und das, obwohl er nicht mal verloren, geschweige denn einen Boxkampf absolviert hat. Im Boxring hat er zwar schon gestanden, doch das, was Antonio Inoki und er am Vorabend dargeboten haben, hatte mit einem Kampf ungefähr so viel zu tun wie Ali mit Fußball. Dabei hatte sich das Angebot wirklich gut angehört. Im Nippon Budokan von Tokio sollten der Boxer Ali und der Catcher Inoki herausfinden, wer wirklich der beste Kämpfer aller Zeiten ist. Für das Geld wäre Ali damals wahrscheinlich auch gegen ein Pferd oder einen Zwerg in den Ring gestiegen, zumal das Zusammentreffen mit Inoki in erster Linie Show sein sollte. Dachte zumindest Ali. Doch als er nach Japan kam und Inoki dabei zusah, wie er seine Trainingspartner mit Griff- und Hebelbewegungen durch den Ring schleuderte, ging Ali ein Licht auf. Der Japaner meinte es ernst. Er wollte keinen Schaukampf, sondern einen Wettkampf zwischen Boxer und Wrestler.

Fieberhaft verhandelten in den folgenden Tagen die Berater der Kämpfer das Regelwerk. So wurden Inoki jegliche Griff- und Wurfaktionen verboten, Tritte waren dem Catcher nur erlaubt, wenn sich mindestens ein Knie auf Ringhöhe befand. Ali musste unter anderem auf seinen wirkungsvollsten Schlag – den explosiven, mit der linken Führhand ausgeführten Jab – verzichten. Außerdem durfte er seinen Gegner nicht schlagen, sobald der am Boden lag. Waren die Regeln schon eine Farce, wurde der Kampf erst recht eine. Nach dem Gong zur ersten Runde segelte Inoki durch den Ring und versuchte, Ali mit einem tiefen Tritt zu treffen. Der Boxer wich aus, Inoki lag mit dem Rücken am Boden – und blieb dort fast den gesamten Kampf über. In der Käferstellung versuchte Inoki, wegen seines charakteristischen Kinns von Ali »Pelikan« getauft, sein Gegenüber mit Tritten gegen das Schienbein zu traktieren. Ali wich den meisten ziemlich lächerlich aussehenden Angriffen des Catchers aus, kassierte aber doch einige Tritte. Da Inoki beinahe permanent am Boden lag, konnte Ali ihn nicht schlagen. Auch Alis »Feigling! Feigling!«-Rufe konnten den Ringer nicht zum Aufstehen bewegen. Ab der sechsten Runde begannen Alis Schienbeine blau anzulaufen, ab der neunten war das linke von Blutergüssen überzogen. Das traurige Spektakel ging über die vollen 15 Runden, ganze sechs Schläge gelangen Ali während des gesamten Kampfes, der am Ende unentschieden gewertet wurde. Gleich nach der Entscheidung der Punktrichter stürmten Zuschauer den Ring und forderten lautstark ihr Geld zurück, Ali musste erst einmal ins Krankenhaus. »Es war schrecklich, demütigend. Ali blutete an den Beinen, die Wunden entzündeten sich, er riskierte eine Amputation«, gab später sogar der Mann zu, der die Idee zu dem Kampf gehabt hatte: der legendäre New Yorker Boxpromoter Bob Arum.

Das einzig Gute am Zusammentreffen zwischen Ali und Inoki: Die beiden sind heute gute Freunde. Inoki, inzwischen als Politiker tätig, übernahm fortan Alis Schlachtruf aus Zaire und konvertierte in den 1990er-Jahren sogar zum Islam.

Quellenverzeichnis

Bücher

Krämer, Harald und Hering, Fritz K: Muhammad Ali, 2010

Kemper, Peter: Muhammad Ali, 2010

Remnick, David: King of the World, 2001

Ali, Muhammad und Ali, Hana Yasmeen: Mit dem Herzen eines Schmetterlings, 2004

Ali, Muhammad und Durham, Richard: The Greatest: My own story, 1977

Hauser, Thomas: Muhammad Ali. His Life and Times, 2006

Reemtsma, Jan Philipp: Mehr als ein Champion. Über den Stil des Boxers Muhammad Ali, 1995

Micklos, John junior: Muhammad Ali, »I am the Greatest«, 2011

Edmonds, Anthony O.: Muhammad Ali: A Biography, 2006

Sonstiges

http://www.spiegel.de/sport/sonst/zum-60-geburtstag-gibt-es-muhammad-ali-ueberhaupt-noch-a-177445.html, aufgerufen am 15. 12. 2015

http://ftw.usatoday.com/2015/02/muhammad-ali-sonny-liston-gloves-sell-for-almost-1-million

http://www.elvis-express.com/elvisradio_articles_aliandelvis.html

http://www.theguardian.com/world/2009/sep/01/muhammad-ali-freedom-ennis-ireland

http://www.aliunderwater.com/history.htm

http://nypost.com/2014/01/26/muhammad-alis-son-shut-off-dad-living-in-poverty-in-chicago/

http://www.mensjournal.com/magazine/how-muhammad-ali-conquered-fear-and-changed-the-world-20130205?page=4#ixzz3wB8jKMlj

http://sabotagetimes.com/football/chuck-wepner-the-true-story-of-the-real-rocky

http://www.cbsnews.com/news/muhammad-ali-first-real-rapper/

http://www.seattletimes.com/entertainment/was-muhammad-ali-also-the-heavyweight-inventor-of-rap/

http://www.irishtimes.com/sport/other-sports/muhammad-ali-the-greatest-outside-ring-as-well-as-in-1.2065996

https://www.youtube.com/watch?v=SV75aFzC1aQ

http://www.theguardian.com/sport/2011/nov/08/muhammad-ali-joe-frazier

http://www.spiegel.de/spiegel/print/d-41237073.html